저녁에 떠나는 버스

P.S 기획시선 9

저녁에 떠나는 버스

노새필

시인의 말

다 잊은 줄 알았던 문장들이 중년의 침묵 속에서 다시 말을 걸어왔다

  모소대나무는 심은 지 다섯 해가 될 때까지는 순을 내지 않는다고 합니다. 심어 놓고 싹이 나지 않는 4년 동안 땅을 갈아엎고 다른 것을 심어야 하나 고민하게 됩니다. 그러나 다섯 해가 되면 죽순이 나고 자라기 시작하여 하루에 한 자씩도 자라 15미터까지 큽니다. 대나무는 그동안 아무것도 하지 않은 것이 아니라 높이 자라기 위해 땅속에서 뿌리를 넓게 펴고 준비를 해 왔던 것입니다. 하나의 꿈이 심어진 후 울창하게 자라고 열매를 맺기 위해서도 보이지 않는 몸부림과 실망, 기다림의 시간이 필요합니다.

나는 중년의 나이에 하나의 글나무를 심었습니다. 길가 전봇대에 묘목이 떨어져 있기에 주워다 앞마당에 심었습니다. 매일 쓰다듬어 주고 살폈지만 자라는 것 같기도 하고 그대로인 것 같기도 했습니다. 글나무를 심어놓고 자라기를 기다리는 일은 매일 희비가 교차하는 쉽지 않은 일이었습니다. 잘못 심었나 싶어 실망하며 뽑아 버릴까 생각한 적도 있었습니다. 그때마다 옆집 친구가 "그 나무 꽤 쓸만한데"라고 말해 주었습니다. 꿈이 식지 않고 여린 온기나마 남아 있어서 계속 지켜볼 수 있었습니다. 지켜보고 기다리는 것이 하나의 일상이 되었고 없으면 허전한 존재가 되어 버렸습니다. 그것은 일종의 사랑인지도 모르겠습니다.

그렇게 몇 년이 더 흐르자 나무가 자라기 시작합니다. 그것은 이제 포기할 수 없는 더 큰 기다림의 이유가 되었습니다. 그렇게 15년을 기다리니 쑥 자라나 하늘까지 솟아올랐습니다. 누구나 볼 수 있는 큰 나무가 되어 세상에 단 하나뿐인 특별한 꽃과 열매를 내었습니다. 노년의 시원한 그늘이 되어 주었습니다. 그때까지 글나무를 키우는 일은 기다림만이 아닌 서로를 향한 격려이며 함께 떠나는 여정입니다.

말은 자기 예언입니다. 사람은 말을 따라가는 존재입니다. 오늘 나는 꿈에 본 15년짜리 나무를 심었습니다. 마음속 그 나무에게 예언 같은 말을 해주었습니다. 언젠가는 크고 무성한 숲이 되어 줄 것이라고….

제가 시를 쓰는 사람으로 자리매김하게 된 것은 기본부터 이끌어주신 김남권 스승님과 매주 만났던 달빛문학회 문우들 덕분입니다. 첫 시집을 세상에 내놓으며 부족한 글로 문단에 누를 끼치는 것은 아닐까 걱정도 됩니다. 앞으로 따뜻한 시선으로 삶의 이면을 담아내며 함께 공감할 수 있는 글을 쓰도록 노력하겠습니다. 늘 옆에서 응원해주는 아내와 사랑하는 세 딸에게 고마움을 전하고 여호와 이레의 하나님께 감사드립니다.

2025년 한가운데서

노재필

시인의 말 4

제1부 마지막 여행

봄앓이 12 / 봄볕 창가에서 13 / 저녁에 떠나는 버스 14 / 봄맞이 15 / 설거지 16 / 빈 자루의 눈 17 / 바람의 노래 18 / 자각 20 / 썩은 비 21 / 가래떡 22 / 5월이 흐른다 25 / 마지막 여행 1 26 / 황제폭포 29 / 지각 30 / 보석 31 / 바람의 모습 32 / 살구 34 / 뺑소니 사건 35 / 마지막 여행 2 36 / 가까운 듯, 먼 듯 38

제2부 공터에서 상추가 말을 걸었다

그리운 안개 40 / 위로받는 하루 42 / 마늘 택배 43 / 열대야 44 / 순수를 그리워하며 45 / 주말 부부 46 / 장대비 48 / 장기주차 50 / 공터에서 상추가 말을 걸었다 51 / 소나기 52 / 빈집 53 / 첫사랑 54 / 비바람 몰아치는 밤을 지나다 56 / 여우비 57 / 장마 58 / 장마 한가운데서 새벽을 읽다 59 / 가을의 조짐 60 / 착각은 나의 힘 61 / 영월의 달은 철길 위에 머물고 62 / 꽃비 떨어지던 밤 64

/ 차 례 /

제3부 **과, 하이픈**

순댓국 중독 66 / 낮이 밤으로 들어가는 저녁에 68 / 네가 그립다 69 / 고된 하루 70 / 가을 숲에서 72 / 가을 서정곡 73 / 보고 싶은 고라니 74 / 할머니 76 / 담쟁이 78 / 등을 긁었다 80 / 모루의 외침 82 / 플라세보의 노래 84 / 폭설 86 / 과, 하이픈 87 / 고요를 읽다 88 / 바닥에 항복하다 89 / 오래된 벤치 90 / 술래잡기하다 92 / 블랙 아이스 94

제4부 **삶이 시다**

그리하여 영월엔 달이 있다 98 / 꽃 풍선 99 / 겨울 바다는 잘 있습니다 100 / 언덕 아래 빈집 102 / 구부러진 세월, 허리를 펴다 104 / 기다림이 서 있는 105 / 부채감이 밀려드는 저녁 106 / 잘못 걸려온 전화 108 / 모닝! 굿모닝! 110 / 숯 112 / 똥 싸? 글 싸! 114 / 회상 115 / 봄날 아침의 소묘 116 / 삶이 시다 117 / 치유 118 / 빈 깡통 120 / 그리고 또다시 봄앓이 121

해설 – 세상에 대한 고백이자 화엄의 세계를 열어 가는 빛으로의 존재
  – 김남권(시인) 124

제1부

마지막 여행

봄앓이

손가락 사이로 지나가는
바람의 흔적을 쫓다가
저녁 들판에서 길을 잃었다

외딴 집에서 들려오는 개 짖는 소리를 듣다가
그만 울음이 터졌다
내 설움에 내가 북받쳤다

햇살이 잔인하게 비포장도로 위에 쏟아지던
사십 년 전 어느 봄날,
4월의 모래바람처럼 떠나간 꽃상여를 따라가던
유년의 기억이 떠올랐다

산등성이 봉분 위로 쏟아지던
시간의 발자국은 멀어지고
세월에 닳아버린
왜소해진 인생이
귀향을 서두르고 있다

그리움은 이미 화석이 되었을 법하건만
봄만 되면
어김없이 가려워지는 가슴앓이 흔적이 뜨겁다

봄볕 창가에서

하늘하늘 빈 가지 사이로
비집고 들어오는
오후의 햇살을 먹는다

비릿하고 아련하다

하루 종일 책상 앞에 주저앉아
허공에 가득 쌓이는 무상함을 발견하고
석상처럼 굳어가는 나를 보았다

저녁에 떠나는 버스

언제부턴가 버스는 저녁에 떠나길 좋아했다
지금도 이유는 모르겠다
어수선했던 마음은 먼지처럼 가라앉아
평화롭게 돌아오는 저녁나절,
붉은 하늘이 백열등처럼 마을로 내려오고
어둠이 슬금슬금 산기슭을 걸어 따라오면
납작한 지붕은 서둘러 연기를 피워올렸다
물끄러미 내다보는 눈망울엔
젖은 별들이 아른거리고
이별은 아름답고도 애처로워
버스는 노을 진 저녁을 업고 어디론가
길을 떠났다

봄맞이

구순 장인이 살고 계신 납작한 시골집 옹달샘에
수선화 한 움큼 찾아왔다

얇은 꽃대궁 열어
시린 봄물을 빨아 마시다
여린 잇몸이 시렸는지
이파리가 노랗게 질렸다

귀여운 봄나물 마당에 쏟아내며
"노 서방한테 잘해야 한다, 외로운 사람이다"
입버릇처럼 당부하시던 장모님은
어느 봄날 빈 외양간과 녹슨 호미에 집을 맡기고
들판 어디쯤을 지나 먼 길을 떠나셨다

올봄에도 땅끝 해남 늙고 등이 굽은 집 마당은
햇살이 가득 차지한 채 온종일 졸고 있고
담장 곁 살구나무는
주책없이
연분홍 마스카라를 그리고
혼자 봄맞이 나갔다

설거지

너는 쌓이기 전에 치우자고 하고
나는 쌓아두었다가 한꺼번에 치우겠다고 한다
너는 늘 다그치고
나는 요리조리 피하고 있다
어차피 비워야 할 것들을 쌓아놓고
싱크대는 이러지도 저러지도 못하고 있다
그렇게 빨리 치운다고 또 쌓이는 걸 막을 수도 없고
깨끗이 씻고 정리한다고 새로워질 것 같지도 않아
오늘도 수북이 쌓인 너를 생각하고 있다
이미 저질러진 수많은 시간들을
가슴 한켠에 쌓아두고는
고무장갑처럼 꽉 낀 답답함을 안고 멈춰 서 있다
너와 나눈 밀어들, 곳곳에 봉합된 상처들이
사용한 그릇처럼 뒤죽박죽 쌓여있다
아, 난 설흔, 거지가 되었다

빈 자루의 눈

누군가를 품는다는 것은
거추장스러운 일이다
자루는 속을 비우고 나서야
시렁 위에 누워 버렸다

바람이 힐끗 보고 지나갔다
햇살이 문틈에 낀 헛간에서
눈을 감고 생각한다
속을 텅 비운다는 것은
결핍이 아니라 자유라고

바람의 올이 허공에 풀리고
마음 한편이 저려온다
자루는 궁금해서 견딜 수가 없다
속이 영글어가던 콩밭,
코스모스가 마중 나오던 마을 어귀를 지나
담장 위에서 빈둥거리던 땡감들

호미 끝에 매달린 햇살이 빨갛게 녹슬던 날
빈 자루는 눈을 반짝이며
다시 생각하기 시작했다
가득 채워져야 다시 일어설 수 있겠다고

바람의 노래

바람 소리다
휘파람소리다
칠레의 고원을 넘어온 한숨 소리다
그 소리만 들으면
찬비 맞은 팔뚝의 솜털이 우수수 일어나고
근근이 지탱해온 목숨이
오래된 부족의 불빛이 되어 따라왔다

팬플룻 선율 위에 거친 숨소리가 올라타면
풀섶을 마구 휘젓는 바람이 되어 벌판을 내달리다가
기억 속 어딘가에서 잠시 멈추고
참기 힘든 울음을 토해냈다

기타 소리 하나에도 가슴을 베이던 시절
삶에 눈이 떠지기도 전이었던
이십 대 중반 무렵
고시원 먹방에서 듣던 '별이 진다네'도 그러하였다

내 젊은 날의 어둡고 좁은 방으로 들어가
얇은 카세트테이프 위에서
아슬아슬하게 중심을 잡았다

팽팽한 통기타 줄이
한 땀 한 땀 소리를 튕길 때마다
가슴은 무너져 주저앉고 말았다
푸른 꿈도 어둠 속으로 지는 것만 같았다

언제인지 모를 끝을 향해 가던 내 노래는
여름밤 내내 시간을 멈춰버리고 우는
개구리의 울음소리를 닮아있었다

이제 더 이상 그 노래를 듣지 않지만
가끔씩 들려오는 그 소리는
그날의 고시원 어두웠던 방으로 나를 데려간다

그럴 때마다 가슴은 풀잎처럼 일렁이고
기억은 그날의 공간 속을 헤매기 시작한다
내가 숨 쉬는 모든 곳에 바람이 불어오기 시작한다

자각

5월의 바람이
옷섶으로 스며들었다
길가에 연녹색 포플러 이파리가
한가롭게 시간의 모래성을 허물던 날
외출을 하기 위해 거울 앞에 섰다
거울 속에
나를 닮은 짐승이
나를 쳐다보고 있었다
나도 그를 한참 동안 노려보았다
돌아서서 나오는데
뒤에서 거울 깨지는 소리가 났다

썩은 비

4월을 코앞에 두고
며느리 장마가 왔다
꽃이 피는 걸 시기하는 하늘의 심술인가

이 비는 썩은 비
대지에 진동하는 거름이 되고
겨우내 허기진 논둑을 날름 먹어버리는 비다

묵전을 차지한 씀바귀의 겨울잠을 깨우고
놀란 멧노랑나비 펄럭이게 하는 비다

가래떡

"남은 쌀은 가래떡이나 해 먹자"는
말처럼 슬픈 말은 없다
'가래떡이나?'라니…

얼마 전 고향에 내려갔다가
시골집 광에서 천덕꾸러기 신세가 된
쌀 한 자루를 싣고 서울로 오는 차 안에서
아내와 심하게 다퉜다
"밥도 안 먹는데 가래떡이나 해 먹자"는 아내와
"귀한 쌀인데 어떻게 그러냐"는 나 사이에
좁혀지지 않는 철로가 개설되었다

가래떡은 일 년에 딱 한 번 먹을 수 있는 특별한 음식이었다
가래떡을 뽑는 날에는 온 식구가 모여
곧 있을 숭고한 의식으로 마당이 수선스러웠다
깊게 숨겨두었던 흰쌀이 모습을 드러내면
와, 하고 탄성이 쏟아져 나왔다
가을과 겨울, 어두운 뒤주 속에서 가난을 지키다가
세상 밖으로 나온 그 모습은
자신의 운명을 체념한 듯 평온하고 온순하였다

몸이 찢기고 부서져 가루가 되는 고통을 인내하고
시루 속에서 제 몸을 익혀야 하는 뜨거운 희생은
십자가에 못 박힌 예수의 모습이었다
겨우내 노름판을 드나들던 아버지도 그날은
손찌검하던 어머니에게 용서를 구하듯 다정했다

누군가의 입에 들어가 새롭게 태어나기 위해
주저 없이 찬물에 풍덩 풍덩 몸을 던져야 하는
운명을 생각하며
오리쯤 떨어진 방앗간으로 떠나는 손수레를 배웅하던
초라한 사립문마저 안쓰러워했다

저녁이 다 되어 소쿠리에 가지런히 누운 채로 돌아온
김이 나는 새하얀 가래떡은
신기하고 설레는 기쁨이었다
그날 아버지는 어머니를 처음 만난 날처럼 살가웠고
어머니도 아버지를 닮은 자식들에게 척척 가래떡을 떼어주었다

일 년에 딱 한 번 용서와 화해가 넘치던
그날의 기억은
설날 아침 뭉클한 떡국이 되어
숭고한 부활을 선물해주었다

제1부_ 마지막 여행

그렇게 숭고했던 의식의 순간을
어떻게 '가래떡이나 해 먹자'는 말 한마디로
폄하할 수 있단 말인가

'가래떡이나 해 먹자'는 말은
얼마나 슬프고 잔인한 말인가

5월이 흐른다

배 한 척 지나가지 않는 빈 하늘이다
참나무 잎 물비늘이 반짝인다

가난한 이들은 거리로 나와
강물에 생의 위로를 띄워 보낸다
시름의 잔해들이 둥둥 떠다니는 거리

강물은 골목에 접어들어
거센 물결을 일으키고
나무의 머리채를 잡고 흔든다

바람이 밀려간다
신록에 장미의 시린 눈이
발갛게 충혈되었다

마지막 여행 1

땅끝마을 완도 정도리 구계등은
바다와 육지 사이를 아홉 계단이 가로막고 있다
바다는 매일 육지에 오르려 하지만
아홉 계단은 쉽게 허락하지 않는다
늙은 장인어른은 발을 끌면서도 바다가 보고 싶다고 하였다
그와 나는 이것이 마지막 여행이라는 걸 직감했다
우리가 처음 함께 걸었던 곳도 정도리 해변이다
그곳이 궁금하였으리라
정도리 바다는 언제나 육지에 오르려 하고
나는 끊임없이 파도를 밀어내려고 했다
뭍으로 오르지 못한 바다는
몽돌해변 위에 시퍼렇게 누워 있었다
그는 그곳에 서서 오래된
시간의 매듭을 풀고 있었다
바다와 육지 사이에는
침범할 수 없는 시간의 경계로 가득했다
하루에 두 번씩 소식을 전하러 오는 밀물도
육지의 시름을 내보내는 썰물도
귀가 어둡고 느린 걸음 앞에서 모두 멈춰 서 있었다

갯벌 위에 봄볕이 떨어졌다
바닷속에선 봄볕을 먹고 자란 미역으로
전복이 배를 불리고
4월의 해풍을 끌고 온 바람이
왜소해진 그의 어깨를 끌고 갔다
바다를 향해 서 있는 그의 어깨 위에
한 세기를 살아온 기억이 매달려 있었다
한 손으로 힘겹게 허리를 짚고
다른 한 손으로 지팡이를 의지한 채
눈부신 저녁해를 끌어안고 있었다
바다는 그의 등 뒤를 말없이 지켜보며
오래된 기억을 하나씩 갯벌 위에 내려놓았다
더 이상 서두를 것도 없이 느릿느릿 걸어가는 그가
저 긴 정도리 해변을 다 걸을 수 있을까
지나온 날과 얼마 남지 않은 날이 한꺼번에 밀려오느라
해변이 분주하다

다 큰 자식 생일에 꼬박꼬박 용돈을 보내고
한 번씩 찾아갈 때마다 꼬깃꼬깃한 쌈짓돈을 찔러주던
그가 남은 것을 모두 바닷속에 던져주려는 것일까
이렇게 아무 말 없이 서 있기만 해도 되는 것인가
이렇게 시간을 마무리해도 되는 것인가
구계등은 세월에 닳아 계단 세 개만 오르면 육지에 다다르지만
그와의 거리는 점점 더 멀어지고 있다
우리 여행의 마지막 저녁을 먹는다
쓰고 남은 종잇장처럼 가벼워진 목숨 하나가
TV를 크게 틀어놓고 바다와 나란히 앉아 파도 소리를 듣는다
정도리 앞바다에는
천만년 닳아빠진 몽돌이 토닥토닥 어둠을 달래느라
잠을 못 이루고
새들이 떠나간 발자국만 갯벌 위에 화살표로 남아 있다

황제폭포

한쪽으로 쏟아져 내려야만 하는 운명이 있다
그것으로 확인되는 사랑이 있다
영하 50도를 넘나드는 남극에는
황제의 후예로 살아가는 펭귄들이 있다
윤기 번들거리는 털옷을 입고
해달의 가죽을 두른 채
허리 꼿꼿이 세우고 고통스런 눈바람과 마주한다
서로의 체온만이 유일한 온기일 뿐,
온몸으로 바람을 막아주며
돌아가며 안쪽자리를 내어주고
현기증을 피해 허기를 사냥한다
현기증 나는 허기에 사냥을 나서는 날은
비장한 모습으로
자신의 유언장을 낭독하고
빙벽 넘어 천적이 우글거리는 바다를 향해 몸을 던진다
그들의 투신은 위대한 수직이다
삶과 죽음이 교차하는 수면은 슬픈 물보라를 일으키며
날지 못하는 날개로
빙하 속을 유영한다
살아남기 위해 죽음을 선택한 운명은
단 한 번의 낙하로 신화가 된다

지각

새벽 5시, 알람이 손을 잡아 흔들었다
모른 척 외면했다
피곤기가 가시지 않은 하루가
문밖에서 두리번거리는데
에라 모르겠다, 눈을 감아 버린다
꿈에 죽은 사람의 얼굴이 나타나 화들짝 눈을 떴다
말간 아침이 방문 밖을 서성이고
밤을 지새운 천장이 퀭하니 나를 내려다본다
이른 봄 냉골이 된 지 오래된 방바닥이
팽팽하게 나를 밀어올렸다
오늘따라 세평 남짓한 자취방이 우주처럼 넓다
권태로움이 점령한 유일한 영토 위에
자유의 대가로 지불한 고독이 꿈틀거린다
잠깐의 외로움쯤이야 견딜만하지만
햇살이 몰려드는 창문을 이고 있는 눈꺼풀이 성가시다
이미 출조 시간은 한참이나 지나 있었다

보석

돌과 돌 사이에
빛나는 그 무엇이 있다
혼자만 외롭게 빛나는
그래서 외면당하고
물길에 쓸려 다니는
단단하게 빛나는
그것을
우리는 보석이라 부르기도 한다

바람의 모습

보이는 것만이 사랑은 아니다

분 냄새 풍기며 제 인생을 찾아 떠난
젊은 여자도
밭에 나가 할미꽃이 된 늙은이도
인생을 배운다고 장에 나간 아버지도
모두 잠시 머물다 떠나갔다
비정한 바람 같았다

연약했던 봄날
어김없이 찾아오는 몸살에도
방안 아랫목에서 며칠씩 박제가 된 채
삶과 죽음의 경계를 오갈 때
방문 밖에서
나를 기다린 것은 바람이었다
그가 건네준 생기 몇 모금을 먹고
기운을 차릴 수 있었다

좀 더 자라서는
길을 잃고 헤매다
해변 어느 포장마차에서
홀로 소주잔을 비우며
떨어지는 빗소리에
어깨를 들썩이며 흐느끼던 여자를 만났다

외로움은 좀처럼 채워지지 않았다
내 안에 더 큰 외로움이 자라났다
간절히 원하는 것들은
결국 돌아오지 않았다
그저 스쳐 지나가는 바람 같은 것에
몸을 맡길 뿐이다

보이지 않는 사랑처럼

살구

꽃잎 떨어지기도 전에
꿈꾸는 푸른 잎이 돋아났구나
꽃잎 떨어진 자리에서
새로운 궁리를 하고 있었구나

아침 이슬에 눈을 뜨고
햇살 받아 근육이 자라나면
바람 속에서 몸이 단단해지겠구나

꽃 핀 자리마다
우주의 푸른 신비가
주렁주렁 매달리겠구나

뺑소니 사건

아직 이른 여름,
비라도 내리려는지 후덥지근한 저녁이다
밤은 쉬 내리고
동강은 일찍 잠들어 개울 턱을 베고 잠든 날
영월읍에 나갔다 돌아오는 길
인적 없는 동강 다리 위에서
무단횡단하는 하루살이 떼를 치고 말았다
순간 비명과 함께 차를 멈추고 보니
차 앞 유리와 전조등에
찢긴 살점과 핏자국이 덕지덕지 붙어 있다
숨 막히게 고요한 밤에 쿵쾅거리는 심장 소리가 들리고
아직 죽지 않은 것들이 자동차 불빛 앞에서 신음한다
강물은 잠시 눈을 떴다 다시 잠들고
다행히 사건 현장을 본 사람은 없다
강둑에 망촛대가 보았겠지만 그들은 눈이 어둡다
하루를 다 살았을 테니 그리 억울하진 않겠지
황급하게 사건 현장을 빠져나왔다
죽어가는 것들의 신음이 들리고
들키지 않았던 죄들이 떠올랐다
나는 살殺벌한 놈,
집에 들어서자 지독한 시체 썩는 냄새가 났다
내일 조간신문 1면에는 뺑소니 사건이 대서특필될 것이다

마지막 여행 2

병원행은 그의 마지막 여행이었다
영월에서 급히 출발한 호송차가 제천에 도착했을 때
손 쓸 것이 없으니 원주 큰 병원으로 가라고 했다
노란 금계국이 흐드러진 38번 국도를 달릴 때
그의 소지품이라곤 얼굴에 핀 황달과 차오른 복수뿐이었다
도착하자마자 응급실 간호사가 묻는다
"수술한 적 있어요? 드시는 약은요?"
사내는 모든 것이 귀찮은 듯 쏘아붙인다
"뭐 가는 데마다 똑같은 걸 자꾸 물어봐"
나는 보호자란에 '환자의 교도관'이라고 적었다
비치배드 같은 병상에 사내가 널브러지자마자
목이 마른 그의 팔뚝이 수액을 들이켜기 시작했다
어둠이 내린 원주 기독병원 응급실
속이 훤히 들여다보이는 어항 속
물고기들이 헤엄쳐 다니고 있다
"지나고 보니 사는 게 별거 없죠?"
위로랍시고 한마디 던져놓고
나는 긴 침묵을 허공에 걸어두었다
가끔 구급차가 도착해 안부를 묻고 가는
응급실 너머로
그의 마지막 여행지는 여전히 외딴섬이다
간암 말기라는 소인이 찍힌 진단서가 배달되었다
밤은 깊고 그의 눈은 그렁그렁하여 아침은 더디 오고 있었다

그를 병원에 남겨두고 돌아오는 길
붉은 달이 어둠을 밟으며 수척하게 나를 따라왔다
물에 젖은 과거가 달려와 숨을 고르고
병상에 누운 그의 얼굴에서 내 얼굴이 보이기 시작했다

가까운 듯, 먼 듯

먼 곳에 혼자 떨어져 살면
부쩍 쓸쓸한 날이 있다
그런 날은 17살 어린 딸이 생각나
전화를 걸어본다
"오늘은 어쩐지 쓸쓸하지 않니?"
망설임 없는 답이 돌아온다
"혼자 있으면 난 좋아, 독립해서 살고 싶다"
나는 외롭고
너는 외롭고 싶다
어둑한 오후
엉킨 실타래 같은 비가 부슬부슬 내린다

제2부

공터에서 상추가 말을 걸었다

그리운 안개

서강에 고립된 청령포
600년 관음송(觀音松)이
바람을 실어나르는
나룻배 소리를 듣고 있습니다

육육봉 절벽만 바라보던 어린 단종은
푸른 날들을 장릉에 묻어 놓은 채
물안개가 되었습니다

안개를 먹고 자라나는 영월의 달은
유난히 크고 붉습니다

누구라도 영월에 오면
매일 아침
눈동자 속에서 안개를 만납니다

오늘은 아주 오래된 전설처럼
유배지를 따라온 사람들에게
장터에 널린 곤드레나물로 밥을 짓고
개두릅 전에 막걸리 한 사발 내어놓고 싶습니다

위로받는 하루

휴일 아침
우두커니 앉아
나뭇잎 한 장만한 오후를 기다린다
몇 해째 묵혀 놓은 화분에서
민들레꽃 한 송이가 피어나 턱을 괴고 앉아 졸았다
계절은 푸른 잎 위에 여울져 흐르고 있었다
마음이 무겁지 않은 날
슬그머니 주홍빛 저녁 하늘이 찾아와
문을 두드렸다
저녁이 외롭지 않았다

마늘 택배

6월이 시작되자마자
햇마늘이 길거리로 몰려나왔습니다
해마다 이맘때면 마늘밭에 엎드려 일하던
아버지가 궁금해 전화를 걸었습니다
며칠 후 사무실로 낯선 택배 하나가 도착하고
터진 박스 때문에 마늘 냄새가 진동했습니다
아흔이 다 된 노인이 햇마늘을 캐고
껍질을 까고 빻아서 얼려 보낸 것입니다
껍질을 까다 베인 손가락 생채기 몇 개와
쪼기작하게 말린 5만원짜리 2장도 함께 실려 왔습니다
먼 길을 달려온 택배 박스는 시골집 냄새도 달고 왔습니다
서울 한복판에 던져진 냉동 마늘은 벌써 텃밭이 그립습니다
눈치를 보며 얼른 비닐봉지에 옮겨 담는데
힘없이 따라온 아버지 글씨가 안쓰럽게 쳐다보고 있습니다
주섬주섬 마늘 박스는 비어 가는데
잔인한 여름은 조금도 줄어들지 않고
나는 바닥에 주저앉아 마늘 냄새 때문에 서러워진 눈을
자꾸만 훔쳐 냈습니다
오늘 해남에서 늙은 아버지가 배달되었습니다

열대야

풀 향기 훗훗한 밤
습한 열기에 취한 담벼락이
늘어져 있다
살갗에 끈적이는 선잠이
밤새 엎치락뒤치락
목이 허옇게 쉰 안개를 끌고 간다
허기진 골목으로
새벽이 고개를 쳐들고 밀려오고
개 짖는 소리에 놀란
어둠이 후다닥, 꼬리를 감췄다

순수를 그리워하며

가로수 푸른 잎이 한 뼘씩 나오는 소리를 들어봐
뻐꾸기 우는 저녁 하늘의 심장 소리를 들어봐

소리 없이 내리는 봄밤

강변을 따라 걷다가 달빛에 취해 길을 잃었다
언어의 포승줄에서 풀려난
해방된 밀어들이
숨 막히는 훈풍으로 천지에 스며들었다
깊게 엎드린 생각들이 일어나 온몸이 달아올랐다
내 안의 순수가 일어났다

주말 부부

당신이 잠든 사이
서쪽 하늘에 노을이 내렸어요
펄펄 끓는 여름의 열기로
흩어진 저녁을 한 움큼 모아
커피 한잔을 내려놓았어요
고단한 당신은 깊은 잠에 빠져 있군요
하긴 당신도 휴식이 필요한 중년이라는 걸 깜빡했네요
어둠에 떠밀려 나는 먼저 일어납니다
아무 일 없는 우리 사이는 집안에 남겨둘게요
문자 하나가 따라왔네요
"식은 커피가 있는 걸 보니 깊이 잠들었나 보네요. ㅠㅠ"
맞아요, 탁자 위에서 기다리던 커피잔이 기다림에 지쳐
우두커니 식고 말았을 거예요
걱정 말아요, 식어가는 것을 너무 아쉬워 말아요
우리도 식은 커피잔처럼 늙어 가고 있잖아요
차 앞으로 달려드는 밤도 커피를 마셨는지 새카매졌습니다
우리 여행은 아직 끝나지 않았어요

익숙한 여행 뒤엔
늘 새로운 만남이 기다리고 있듯
우리 다시 꿈속에서 만나요

장대비

팽팽했던 오후가 침묵을 깨뜨렸다

연일 35도를 오르내리는 날씨 덕분에
아스팔트에
운동화 밑창이 끌려 나왔다

하늘에 쏘아 올린 시름들은
중력을 견디지 못하고
뚝 뚝
제 몸을 던지기 시작했다

감자잎은 제풀에 놀라
파르르 떨고
옥수수 대궁은 팔을 벌려 춤을 추기 시작했다

얼마나 참았던 눈물인가

가슴 속 격정을 대지 위에 토해내고
새로 태어나기 위해
어둑신을 불러들여 굿판을 벌이는 대낮

계곡마다 모시 적삼 흰 수건을 걸어놓고
닦아도 닦아도 끝나지 않는
공중을 가득 메우는 무당의 춤사위

바닥을 차고 뛰어오르는 빗방울에
쪽빛 여름이 깊어간다

장기주차

어느 날 그는 시체로 발견되었다
시름시름 앓다가
켜켜이 쌓인 먼지 속에서 잊혀졌다

행인들의 눈초리를 맞아 벌겋게 녹이 슬고
여러 날 소나기를 맞아 만신창이가 되었다

그렇게 오래 가까이 있었지만
아무도 궁금해하지 않았다
오히려 외면했다
구청 공무원이 붙여놓은 경고장은
그의 사망진단서가 되었다

길가에 방치된 채 움직이지 않는
자동차 한 대
시체꽃으로 피어나
고약한 고독의 냄새를 피우고 있다

공터에서 상추가 말을 걸었다

쌉싸름한 햇살을 먹고
탱탱하게 살이 올랐다

허기진 잎벌레가 방문하면
기꺼이 잎을 내어주었다

버려진 빈 땅에
바람이 가져다준 씨를 심었으니
아까워할 것도 남겨둘 것도 없다

새벽이슬만 먹고도
쑥쑥 자랐다

내 것 하나 들인 것 없이 잘 자란 상추가
여름 밥상에 올라왔다
땀구멍마다 새파란 바람이 새어 나왔다

소나기

귀가 먹먹하도록 조용한 오후,
소나기가 지나갔다

흙바닥에 물 발자국이 선명하게 남았다
대지에 젖은 흙내가 진동했다

발자국은 혼자 남아
하늘만 쳐다보다
생각했다

지금쯤 비는 뉘 가슴을 지나고 있을까
어디 애타는 숨결 하나
젖 냄새를 진동시키고 있을까

빈집

16살 누나가 수국을 따라 집을 나갔다
빈집은 우두커니 남아
반송된 편지처럼 기다렸다

싸리꽃이 피면 귀를 쫑긋 세우고
온종일 사립문 밖을 내다보았다

가을 햇살이
툇마루에서 쓸쓸히 머물다 가는 것을
우두커니 지켜보았다

집 모퉁이에서 목을 빼고
우체부만 기다리던 소국이
노랗게 늙어가고 있었다

첫사랑

그녀는 끝나지 않는 여름의 가을이었다

그해 여름 '님' 자로 끝나는 여자애를 좋아했었다
그녀가 건너는 냇가에 시선을 던져놓고 있으면
그녀는 반짝이는 지느러미를 흔들며 개울을 건너갔다
징검다리는 바짓가랑이가 젖는 줄도 모르고 앉아 있고
여름은 매미를 업은 소나무껍질 위에서 졸고 있었다
가난도 아름다웠다

낯선 바람이 느티나무 모근을 자극하던 추석날
보름달을 세워두고 작별할 때 가을은 입술을 떨었다
그 후 유년은 지워지고 도시는 떠돌아다녔다
군대를 가고 남자가 되어 갈수록 더욱 그리웠다
야간대학을 수소문하여
어렵게 도착한 그녀의 답장은 몹시 지쳐 있었다
삶은 제 갈 길로 흘러가고 있었다

가끔 한밤중에 일어나 희미한 그녀를 보았다
국밥집에서 닳아버린 그리움을 한 숟가락 들다가
헐거워진 소주병만 남겨두고 나오는 날도 있었다
여름에도 주름이 생기고 추억의 빛깔은 엷어져 갔다

가을로 떠나버린 소녀는 더 이상 손이 닿지 않는다
그해 여름 징검다리 아래 버려진 나는
여전히 홀로 남아 별빛을 만지작거리고 있다

비바람 몰아치는 밤을 지나다

밤은 몰아치는 빗방울을 묵묵히 받아내었다
창문이 들썩들썩, 장성한 풀들이 덜덜덜,
어둠은 벌거벗은 채 웅크리고 있었다

대지는 밤새 쿨럭거리며 잠 못 이루고
언덕배기는 멀미가 심해 쑥물을 토해냈다
제비들은 처마 밑에 들어가 아침을 기다렸다

마당가에 홀로 서 있는 감꽃이
위태로운 가지를 붙잡고 눈을 감은 채
휘청거리는 밤을 위해 기도했다

수평선 너머로 여백 같은 아침이 밀려오고
빽빽한 먹구름이 패잔병처럼 물러났다
감꽃이 두리번거리며 눈을 뜨기 시작했다

여우비

대낮에 여우 한 마리
공중에 비를 뿌렸다

해는 눈을 뜬 채
마음이 젖었다

공존할 수 없는 시간 속으로
무작정 뛰어든 여우, 비는
해가 그리워

오일장 난전을 적시고
폐교 운동장을 핥고

결국 산등성이 너머로 도망치다
저녁 하늘에 붉은 털 뭉치 몇 개 떨구었다

장마

기왓장이 젖는 날이 계속되었다

빗방울에 독 오른 풀빛은 날이 바짝 섰다
일기예보는 인생처럼 번번이 빗나갔다

밭고랑은 차오른 울음을 토해냈고
비가 그치면 한 뼘씩 철이 들어 있었다

눅눅한 이부자리는 방바닥에 엎어져 있고
잠자리는 가을옷을 입고 앉아 있었다

저녁 하늘에 잠시 평화가 찾아오면
집 나간 고양이들이 돌아오고
굴뚝 연기가 하늘을 밀어 올렸다

바람에 몸을 말리던 별에서 부스러기가 떨어지고
무궁화꽃이 얼굴을 내밀어 문밖을 내다보았다
장마의 꼬리가 점점 짧아지고 있었다

장마 한가운데서 새벽을 읽다

안개가 강변 가로등을 물고 잠들어 있었다
라디오 주파수는 숨이 끊어진 채 평평하게 누워있고
허기진 강물 소리는 강둑을 베어먹고 있었다

길모퉁이에 서 있는 볼록거울의 배가 홀쭉해졌다
산을 내려온 고라니 눈빛에 철길은 빨갛게 녹이 슬었다
지린내를 풍기던 새벽은 영월역 대합실을 서성거렸다

고요가 수탉의 목을 비틀고 있었다
수탉은 입을 막고 목이 쉬도록 울어댔다
매미는 어제 못다 한 울음을 펼쳐놓기 시작했다

비포장길을 쓸고 다니는 신발에 걱정이 끌려 나왔다
유모차들이 하나둘 주름진 인생을 밀고 다녔다
오랜만에 비가 그치고 햇살이 돋아났다

가을의 조짐

9월 햇살이 고독하게 구석으로 쓰러졌다
내 오염된 눈과 불결한 손으로는
그 맑은 햇살에 손을 댈 수가 없다

콩밭에 메뚜기가 날아오를 때마다
가을의 정적에 마디가 생길 것이다
갈바람이 하루 종일 담벼락 위에서 졸고
녹슨 기침 소리에 빈 빨랫줄은 걱정이 늘어날 것이다

코스모스 허리는 왜 그리 가냘픈지
강아지풀은 얼마나 무거워 고개를 떨구는지
감나무 껍질의 아토피는 왜 낫지를 않는지
노을은 하루가 가기도 전에 서둘러 찾아오는지

갖가지 생각들로 마음속 가을이 먼저 찾아온다
이렇게 앞서가다간
시작도 전에 계절의 끝자락을 보겠다

착각은 나의 힘

35도의 폭염이 한 달을 넘긴
지구인들이 화성으로 물을 찾으러 떠났다
쪽방촌의 단칸방은 혓바닥을 늘어뜨린 채 헐떡거렸다
전깃줄도 새카맣게 타들어 가고
광복절이 지났지만 한반도는 열대야에 속박되어 있었다
별빛은 밤이 되어도 기운을 차리지 못했다
9시 뉴스는 철딱서니 없는 사고 소식으로 신이 나 있다

갑자기 창문에서 시원한 바람이 불어왔다
소나기가 내린 것일까, 가을이 온 것일까
그러면 그렇지, 누가 세월을 이길 수 있겠는가
모처럼 이불을 끌어당기며 단잠에 빠져들었다
아침에 눈을 뜨자마자 창문을 내다보았다
어제와 다름없는 열기로 어리둥절해 있는 사이
벽걸이 에어컨은 찬바람을 내뿜으며 비웃고 있었다

치라리 깨지 말았어야 할 넨네
나는 수많은 생각 속에 여기까지 왔구나
착각 덕분에 그나마 숨을 쉬고 살아왔구나

영월의 달은 철길 위에 머물고

초저녁 달이 밤의 가슴팍에 매달렸다
창백하고 시리다

고즈넉한 영월盈月이 하늘에 가득 찼다
어둑신이 이고 있는 영월寧越의 보름달

청량리행 막차가 떠나간 후
철길은 새까만 침묵에 빠져들었다
빈집들은 말없이 어둠을 물고 있다

한때 북적이던 골목은
가을바람처럼 쓸쓸했다
막차의 후미를 응시하는 침목은
달의 무게를 홀로 견디고 있었다

달이 구름에 몸을 씻는다
사운거리는 강바람에 몸을 말린다

동강변 서늘한 가로등은 허전한
영월의 옆구리를 밝히고
풀벌레 소리로 뒤덮힌 철길,
나란한 정적 너머로
녹슨 그리움이 그리움을 안고 있다

꽃비 떨어지던 밤

벚꽃이 애써 홍등을 밝혀놓은 밤,
눈치도 없이 비가 내립니다
밤은 흐느적흐느적 깊어갑니다
밤이 한 번씩 뒤척일 때마다
처마 끝에서 빗소리가 선연합니다
어머니 당신도
저 빗소리에 잠 못 이루셨겠죠
우련한 기억의 심지를 돋우며
애꿎은 비 타령만 하셨겠죠
벚꽃잎 모두 떨어지기 전에
서둘러 아침은 오고야 말고
가난한 하루는 늙은 소처럼 무릎을 세웠겠죠
처마 끝에 비 그치면
꽃잎을 밟고
봄은 성큼 멀어지고 있었겠죠

제3부

과, 하이픈

순댓국 중독

어제 마신 소주가 속에서 곰삭아
일어나자마자 입안을 박박 헹궜다
무거운 밍크 이불을 걷자 장판이 순식간에 싸늘해졌다
어제 뜨다만 순댓국 한 그릇을 생각했다
채우려 하지만 다 채워지지 않고
비우려 해도 다 비워지지 않는
그리움 같은 그것,
허공에 짓눌려 한쪽이 기울어진 어깨
착잡하게 헝클어진 머리카락
약효도 없이 종일 붙어 다니는 파스,
하루가 다닥다닥한 골목을 걸어나갔다
귀가 찌그러진 대문 한 짝이
집을 나서는 그를 무심히 배웅하였다

한나절 번 목숨값으로 순댓국 한 그릇을 시켰다
먼저 나온 소주가 술술 뱃속으로 들어갔다
빈 위장에 닿자 찌릿하게 전류가 흘렀다
소주 한잔이면 그럭저럭 살 만했다
서너 잔이 들어가자 미간은 더욱 깊고 서늘했다
바다가 그리운 새우젓이 뚝배기 국물 속으로 몸을 던졌다
집에 혼자 남아 있는 대문을 위해 한잔,
소식이 뜸한 자식 책가방을 위해 한잔,
가본 지 오랜 고향 당산나무를 위해 한잔,
소주병은 점점 비어가고 순댓국은 얼굴이 통통 불었다

식당 문을 나서자 코끝으로 매운 취기가 몰려들었다
벌건 다대기 색이 된 사내 앞에 겨울 오후가 펼쳐졌다
둥글게 말린 등짝에 매달린 들통이 다리를 질질 끌고 다녔다
취기가 사그라들수록 오후는 더디 가고
떨리는 손끝은 다시 순댓국을 떠올렸다
자식 없이는 살아도 순댓국 없이는 못 살 것 같았다
눈이라도 한바탕 내렸으면 좋겠다 싶었다
그의 어깨처럼 반쯤 허물어진 식당에서
순댓국은 제 몸을 펄펄 끓이며 생각했다
절대 놓아주지 않겠노라고

낮이 밤으로 들어가는 저녁에

밤은 낮을 조금씩 베어먹기 시작했다
허기진 짐승처럼

아파트 벽에 앉은 노을은
창백한 입술을 지그시 깨물었다

한 발짝
한 발짝
동굴 속으로 빨려 들어가는 낮과 밤의 경계

어디론가 떠나고 싶어 한참을 걸었으나
다시 경계선으로 돌아오고 말았다
다가오는 어둠에 목덜미를 내어주었다

창문에 서툰 불빛 하나둘 피어난다
하얗게 삭제되는 어둠의 편린과
새카맣게 잊혀지는 한낮의 기억들 사이에서

네가 그립다

햇살 고운 날 빨간 고추는 지붕 위로 올라갔다
구름 안대를 쓰고 그동안 설쳤던 잠을 잤다
몸이 바싹 마르도록, 아무것도 먹지 않고
처마 끝에 오후가 드리워도 계속 잠만 잤다

빈집들은 문을 닫아놓고 누군가를 기다렸다
걸어 잠근 문틈 사이로 아련한 기억들이 들락거렸다
마당엔 웃자란 풀이 듬성듬성하고
계절은 떨어진 모과처럼 방치되어 있었다

애써 달려온 가을도, 떠나는 여름도
모두 말이 없었다
너는 안 보이고 그저 하늘만 높았다

고된 하루

소슬바람 부는 하루였어요
마음도 시렸죠

새벽일을 나갔다 돌아오다
단풍 숲에 눈길이 닿아
독한 가을 몇 잔을 마시고 취해버렸어요

산꼭대기 작은 집도 얼큰하네요
사뿐히 내린 어둠과 함께 누웠어요
가을 때문에 너무 고단했나 봐요

어른거리는 당신 생각에
TV를 틀어놓고 눈을 감아 버렸어요
한밤중에 잠이 깼을 때 당신은 곁에서
빽빽한 어둠 속으로 불빛을 던져넣고 있었죠
따닥따닥 추억이 타들어 가니 참 따뜻했어요

새벽에 눈을 뜨니 당신은 온데간데없고
식어버린 브라운관만 혼잣말을 하네요
날이 새기를 기다렸어요
문을 열면 단풍이 와락 달려들 것 같았거든요
이제 하루를 일으켜야겠죠

있잖아요, 가을엔 눈길을 조심하세요
단풍에 유혹당하면 하룻밤을 통째로 날려버려요
한번 미끄러지면 좀처럼 일어나기 힘들어요

가을 숲에서

햇살이 바스락거린다
쇠똥구리가 오후를 굴리고 간다
"푸드득 꿩"
장끼가 날아오르고
고요가 비명을 질렀다
도토리가 놀란 가랑잎 속에 코를 박고
고라니가 목을 길게 뺐다
오솔길이 꼬불꼬불 따라와 시를 쓰고
잠자리가 돋보기를 쓴 채 퇴고를 한다
들어가는 문도 없고
나오는 문도 없는
텅 빈 자유가 허공을 가득 채웠다

가을 서정곡

갈바람에
도토리 한 알 '툭'
8분 음표가 바닥에 구른다

경계가 무너진 하늘로
바스락거리는 낙엽이
4분 쉼표를 그리며 날아가고

옥타브를 올리는
대지 위로
개미 떼가 햇볕을 지고 간다

스타카토…

유명을 달리한 곤충은
도로 위에서 풍장한다
사마귀가 머리를 조아린다

가을 저녁이 우명해졌다

보고 싶은 고라니

동강 둔치 수풀 속에 고라니가 살고 있다
꽃잎 떨어진 자리가 아물 때쯤
귀를 쫑긋 세우고
강물 소리를 듣곤 한다
소리치면 들릴 만한 거리
다가가기에는 먼 거리에서
위태롭게 살아가고 있다
가끔 기차가 철교를 밟고 지나가면
동그란 눈 가득 강물이 흘러
계절은 더욱 빨라졌다

한 걸음 다가가면 달아나 버리고
좁혀지지 않는 간격,
오래전 아버지와 나와의 거리 같았다
거리 두기는 생존의 방법이겠지만
안타까움의 길이는 오랫동안 지속되었다
무슨 사연이 있어 숲을 버리고
인적 가까운 강변을 택했는지
그를 품고 있는 갈대숲에 물어보았으나
그악스러운 울음만 돌아올 뿐이었다

강물이 그리운 것인지
그가 그리운 것인지
자꾸 강가를 찾게 되는
미련 가득한 초저녁,
언제부턴가 그가 보이지 않았다
곁을 지키던 버드나무는
말없이 늘어진 기억을 비질하고 있고
활처럼 휘었던 그리움의 흔적만
강물에 떠내려가고 있었다

할머니

겨울은 얼음장 밑 개울물 같았다
토끼 꼬리 같은 오후, 어둠이 어슬렁거리며 내려왔다
마을 사람들은 처마 밑으로 기어들어갔다
옹이 박힌 손이 성냥갑에 닿으면
'치익' 하고 집집마다 등잔불이 피어났다
화로가 달아오르고 구들장 냄새가 누렇게 요동쳤다
침침한 바늘귀가 실오라기 같은 밤을 깁고
별빛이 파랗게 부서져 내렸다

'덜컹' 하고 대문 소리가 적막을 깨뜨리면
술 취한 젊은 아버지가 돌아오셨다
놀란 소가 고개를 들었다 다시 잠들고
고랑이 깊어진 얼굴은 그제야 하루를 누였다
장에서부터 따라온 달이 문밖을 서성이고
어린 것은 집 나간 엄마를 생각하다가
솜이불처럼 무거워진 눈물을 끌어다 덮었다

흙구덩이 속에선 겨울 무가 서로를 끌어안았다
달빛이 어둠을 다 태우면 어김없이 아침이 왔다
생때같은 청솔이 아궁이에 몸을 던지고
여물 삶는 무쇠솥은 뜨거운 눈물을 흘렸다
쪽진 흰 머리, 색바랜 은비녀를 한 선한 미소가
오늘 아침 방문을 열고 나오셨다

담쟁이

중력을 거슬러 올라
푸른 영토를 이루었다
수직 벽은 치열한 생존의 전쟁터였다

약육강식의 질긴 표정들이
허공에 매달린 채 노려보고 있었다
가을이 오고
앙상한 광대뼈가 드러났다

여름내 넝쿨로 뒤덮인
그늘 속에서 숨죽여야 했던
퇴색된 슬픔이 서늘해 보였다
칭칭 감긴 붉은 벽돌 사이에서
말라버린 눈물 자국을 보았다

손에 손잡고
거친 발톱으로 매달려 있는, 저 벽을
넘으면 자유다

자유를 거부한 담장 안에서
여름을 뒤덮었던 푸른 희망이 잠들어 있다

등을 긁었다

아내는 갱년기를 앓는 중이다
윤기가 사라진 몸, 여기저기 삐걱거린다
또 밤을 지새우는 모양이다
뒤척일 때마다 새어나가는 한숨이 밤을 가른다
아내의 등속으로 손을 들이밀었다
새끼 새처럼 받아먹는 연약한 등

어릴 적 할머니도 내 등을 긁어주셨다
그때마다 각질처럼 서글픔이 떨어져 나갔다
어머니도 아버지가 내미는 등을 거부하지 않으셨다
밖으로만 도는 아버지에 대한 애원 같은 것이었다
까끌까끌한 할머니 손바닥과
원망 섞인 어머니의 손톱이 대물림하고 있다

시퍼렇게 눈 뜬 밤이
쓸쓸하고 불안한 등을 쳐다본다
내 등도 포개져 있었다
긁을 때마다 조금씩 얇아지는 어둠,
아내는 간신히 하룻밤을 넘겼다
등을 감싸고 있던 손을 빼 가슴에 얹었다
다소곳이 포개진 가을밤,
낙엽 지는 소리에 밤새 잠이 오지 않았다

모루의 외침

때릴 테면 때려 봐라

움직일 수도 없는 운명
단단하게는 태어났으니
내 기꺼이 맞아 주마

어둠에 갇힌 무쇠 등에
하얗게 피멍이 들었다

애초에 나는
맞으려고 태어났다
맞는 것으로 쓸모있는 존재다

분풀이할 데가 없으면
다 내게로 오라
몸통을 내어주겠다

그런데 너희는 아느냐

내가 망가뜨린 망치가 몇 개고
제풀에 떨어져 나간 자루가 몇 개인지

플라세보*의 노래

아버지는 약관에 나를 낳으셨다
나는 뒤늦은 나이에 자식 셋을 두었다
마누라는 어느 날부터 건강기능식품을 사 안겼다
나는 손사래를 치면서도 좋았다
몇 년 전 탈모에 좋다는 샴푸를 사줄 때도 그랬다

책상 위엔 온통 건강기능식품들로 가득하다
아침에 먹을 양만 해도 밥 한 공기다
습관처럼 입안에 털어 넣는다
마누라가 물어본다, 퇴직하면 무얼 할 거냐고
나는 딱히 할 말이 없어 대답을 흐렸다

마누라는 기다렸다는 듯 레퍼토리를 늘어놓았다
아파트 분양금, 애들 대학등록금… 계속 벌어야지…
방금 먹은 것들이 식도에 걸려 내려가지 않았다
밥맛이 떨어져 그냥 집을 나섰다
나를 걱정하는 걸까, 돈을 걱정하는 걸까

---

* 플라세보(placebo): 위약(僞藥), 속임약

집을 나서며 책상 위를 힐끗 보자
시침을 뚝 떼고 앞만 쳐다보는
뻔뻔한 표정들이 보인다
마누라와 한편인 저 음흉한 플라세보
오늘따라 공복의 속이 쓰리다

폭설

먹먹한 하늘이 가슴을 마구 뜯어낸다
뜯긴 자리마다 검은 눈물이 떨어진다

새까만 공중에 이마를 들이받고
지상으로 하얗게 몸을 던진다
조금씩 속이 후련해진다

한겨울 개망초 푸른 잎에 닿자
소복한 눈빛이 반짝거렸다

몇 번의 눈발이 지나고
목숨 같은 겨울도 가고
눈 맞을 이유가 사라지면

다시 꽃이 필 것이다
폭설의 높이만큼 잎이 돋아날 것이다

과, 하이픈

삶과 죽음 사이에는 '과'가 존재한다
어떤 사람에게는 길고
어떤 사람에게는 아쉽게도 짧은
한 글자 '과'는 공평하다

절두산 외국인 묘지에는
저녁 햇살이 비문을 읽고 있었다
호머 헐버트 1863-1949
베델 1872-1909
모두 하이픈의 길이만큼 살다 갔다

지평선으로 걸어 나갔던 하루는
노을 한 토막을 들고 돌아왔다
부끄런 이름 하나
어둠 속에 던져 버렸다

고요를 읽다

누가 보았을까
잎이 떨어지는 소리

까마귀 한 마리
마른 가지 위에서
고요의 살점을 쪼아먹고

할머니 같이
늘어진 하늘이
부리 끝에 걸려 있다

바닥에 항복하다

갑자기 복통이 찾아오는 날이 있다
바닥에 엎어져
밀고 일어서려 해도
자꾸 엎어지기만 했다
위로만 향하던 직립 생활이 꺾이는 순간이었다
방바닥은 내 첫 울음을 받아준 곳
언젠간 돌아와 다시 누울 곳
왜 그리 멀리하려고만 했을까
바닥 위에서 살다가
바닥으로 끌려 내려온 날
잃어버렸던 보물이 박혀있는
낯익은 구석과 눈이 마주쳤다
바닥에 누워 보았다
모든 것이 위에 있었다

오래된 벤치

공원 구석에
검게 그을린 나무 의자가
무거운 침묵에 빠져 있다
가끔 바람이 앉았다 갈 뿐
고요는 눈부셨다
등받이 사이로 바람이 빠져나가고
피부는 햇살에 늙어 가는 중이다
가냘픈 두 다리로
뒷산과 소나무 숲으로 달리고 싶다는
충동을 느낄 때가 한두 번이 아니다
팔 형제 만이로 가족들의 의자가 되었던
장인어른이 고장 난 오토바이처럼 누워 계신다
시골길을 누비던 젊은 시절은
벌겋게 녹슨 지 오래,
외부로 향한 창을 닫은 채
과거로 들어가 나오지 않으신다
이제 아무도 앉지 않는 자리 위에는
가끔씩 햇살이 내려와 쓰다듬는다
눈시울이 병실 커튼처럼 흔들렸다

따뜻한 붕어빵이 먹고 싶다는 장인어른은
차가운 붕어빵도 삼키지 못한 채
사레가 들려 기침을 했다
기침 소리에 놀란 의자가 얼굴을 찡그리며
주름살을 출렁이고 있었다

술래잡기하다

봄이 되면 보안청사 처마 밑으로 제비가 둥지를 틀었다
그놈들도 타향이라 길을 잃으면 안으로 들어왔는데
한 번 들어오면 나가질 못하여 생징역을 살았다
미로 같은 주 복도와 철창 속을 허우적대다 떨어져 죽었다
출입문에 '제비가 들어오니 문을 닫아두세요'라고 붙었다

323번 광수는 아침 8시 반이 되면 보안과에 청소하러 나왔다
오토바이 배달 일을 하다 사람을 치고 들어온 그는
굽신굽신 쌩쌩거리며 사무실과 복도를 쓸고 닦았다
현관문 밖은 출입제한구역, 그의 발은 거기서 멈추어야 했다
광수는 문을 열어 놓는 버릇이 있었다
이 주임은 자꾸 문을 열어 놓으면 날려버리겠다고 엄포를 놓았다

유독 어머니가 그리운 날, 광수는 자기도 모르게 현관문을 열었다
문만 열렸다 하면 제비는 여지없이 날아들려 하였고
이 주임은 문을 열지 못하게 감시하는 게 일이었다
쇳소리가 명징한 교도소는 아슬아슬하게 담장 위를 걸었다
서로의 입장 차이는 제비가 떠나는 가을에야 정리될 일이었다

그해 초가을, 광수는 결국 지시불이행으로 징벌을 받았다
작업이 취소되고 이송을 갔는데 말기 암이 발견되어 일찍 출소했다
광수가 없는 보안청사 현관문은 매일 닫혀 있었다
이 주임도 근무지를 옮겨 보이지 않았다
제비는 다음 봄에도 찾아왔고 퍼덕거리는 날갯짓 소리는 여전했다

문을 닫으라는 경고 문구만 맥없이 붙어 있는 보안청사 입구,
술래잡기 같은 실랑이가 사라진 쓸쓸한 교도소,
보안과 앞마당에는 바큇살 모양의 야생화가 피어났다
바람은 자유롭게 교도소 담벼락을 넘어다녔고
봄볕은 담 밑에서 계속 헛바퀴만 돌고 있었다

블랙 아이스

보이면 아이스, 보이지 않으면 블랙 아이스다

영화관람석에 앉으면 안전벨트를 매고 싶어진다

맹추위가 찾아온 날 아침에
운전대를 잡아야 할지 말아야 할지
망설여졌다
확신이 없으면 허락이라고 해석하는 버릇이 생겼다
모퉁이를 운전할 때는 모퉁이 뒤만 궁금하다
위험한 건 바닥인데 정작 모퉁이 곡선에만 눈이 갔다
그늘진 곡선 도로를 유려하게 돌아나갈 때
갑자기 브레이크가 풀리고 힘없이 미끄러졌다
둔탁한 충격에 뒤통수가 아차 했다

그렇다고 가지 않을 수는 없는 일이었다
불길한 예감은 사소하게 지나가지만
한 번씩 현실이 되면 큰 사고로 돌아오고야 말았다
의자에 앉기만 하면 안전벨트를 매려는 관성은
정작 위험 앞에서는 속도를 줄이지 않기 일쑤였다

보이는 곳에서는 쓰레기를 잘 치우지만
보이지 않는 곳에서는 마구 버리는 선진 시민이 있다

제4부

삶이 시다

그리하여 영월엔 달이 있다

버스가 영월에 접어들자 달은 크고 싱싱했다
내 고백을 걸어둘 테니 둘만의 비밀로 하자던 때가 있었다
은밀함을 담보하기에 달만 한 것이 있겠는가
그리움이 가득 차오르면 보름달이 되었다
이제야 풋사랑도 사랑임을 알겠다
달 아래서 했던 약속은 모두 사랑이었다
어두운 세상을 저리 환하게 밝힐 수 있다니
사랑이 아니면 무엇이겠는가
얼마나 떴다 졌을까 무심히 지나버린 사랑,
마음속에 감춰 두었던 조약돌을 매만져 본다
떨리는 손끝에 김이 서려 버스 창이 흐려졌다
닦아낼 때마다 겨울 달이 시퍼렇게 살아났다
검은 하늘엔 고백의 파편들로 빼곡했다

꽃 풍선

찬바람이 일어나던 날
배가 부풀기 시작한 할머니
백발을 이고 상경하셨다

아프다는 말 한마디 안 하고
먹지 않아도 배가 부르다며
차려놓은 밥을 자꾸만 덜어내셨다

먹은 것도 없는 배는
바람이 불 때마다 부풀어 올랐고
몸은 점점 가벼워졌다

벚꽃이 꽃비 되어 떨어지던 날
가벼워진 풍선 하나
꽃나무 손을 놓고 훨훨 날아갔다

겨울 바다는 잘 있습니다

파도는 해변에 오르려 하고
육지는 파도를 멀리 밀어내고 있었다
밀리고 밀침은
결국 바다로 회귀했다

한 컵의 상념을 탁자 위에 올려놓고
우두커니 한낮이 길을 잃었다
수명을 다한 파도가 밀려와 해변에 눕고
바위에 갇힌 파도는 출구를 찾지 못하고 있었다

바다가 나를 바라보고
나도 바다를 바라보았다
눈이 마주칠 때마다 파도가 몸을 뒤척였다

햇살 속으로 교복 입은 여학생들이
웃음을 떨구며 뛰어갔다
조개껍데기가 떨어진 웃음을 주웠다

담벼락에서 몸을 말리는 어망 너머로
바다 빛깔이 새삼 차갑다
은은한 바다 내음이 콧속으로 뛰어들었다

겨울, 바다는 제자리에 있었다

언덕 아래 빈집

언덕 아래
오래된 집에 한 사내가 산다
종일 인기척이 없다
거뭇거뭇 눈이 내린다

그 집에는 담장보다
키가 큰 대추나무가 산다
눈 속에 매달린 대추 몇 알을
까치밥으로 나눠 먹으며

대추나무는 담 안에 매여 있고
사내는 막걸릿잔에 매여 있다

어느 날 사내가
문을 열고 집을 나가자
낮게 드리운 지붕 아래로
온종일 햇살만 드나들었다

며칠이 지나고 사내가
차가운 냄새를 묻히고 돌아왔을 때
대추나무가 그를 부축하고 들어간 후
인기척은 사라졌다
부서진 집기만 폐병 환자처럼 나뒹굴었다

인기척이 철거된 지 오래된
언덕 아래엔 침묵이 도사리고
가끔 눈이 내렸다
대추나무가 빈집의 주인이 된 지 오래다

구부러진 세월, 허리를 펴다

노파가 등에 세월을 지고 간다
무거워서 등이 구부러졌다
지팡이로 바닥을 또박또박 짚어가며
영월 버스터미널 대합실을 가로 지른다
뒤가 무서운 사람처럼
허겁지겁 세월을 헤치며 나아간다
수건을 머리에 질끈 동여맨 채
늙은 오리처럼 엉덩이를 뒤뚱거린다
지붕에서 송곳 같은 고드름이
떨어져도 개의치 않는다
휜 허리를 버스 안으로 밀어 넣고
자리를 내놓으라고 호통을 친다
젊은이가 당황하여 빈자리로 옮겨 간다
엔진 소리가 들리는 순간,
꽃이 되살아나 허리가 꼿꼿해졌다

기다림이 서 있는

어두운 마을 입구에
가로등 하나
침묵에 짓눌려 있다
침묵에 잘려나간 마을길은
끊어진 경계 너머로
발자국마저 사라져 버렸다
잃어버린 발자국들,
어둠 뒤를 내다보는 불빛
표정은 담담했다
비라도 오는 날이면
길바닥은 참았던 눈물을 쏟아낸다
기다림도 오래 묵으면 눈물이 된다
불빛이 흔들리고
누군가 발소리를 끌고 올 것만 같다
기다림이 일상이 된 가로등이
어둠 속에 혼자 서 있다
밤새도록
그리움이 새는 줄도 모르고

부채감이 밀려드는 저녁

김포 큰처남 내외를 찾아가
복분자 장어구이를 얻어먹고
돌아온 저녁,
아내가 TV 앞에서 졸고 있다
돌아오는 길에 흔해 빠진 노을을 보며
새색시처럼 감탄하더니
노을에 취해 붉게 물들었다

매달 뻔한 월급을 가지고
이리저리 계산기를 두드리는 아내,
거실에 놓인 중고 소파처럼
닳고 거칠어졌다
앞만 보고 달려온 20년을
기억하는 다리가
퉁퉁 부어 있다

자식들은 클수록 낯설고
형편은 늘 제자리,
오늘 하루가 또 넘어간다
성긴 어둠 사이로
허전하게 초저녁이 방문했다
아내를 받친 다리가 저려오는데
다리를 펼 수가 없다
창문 밖엔 어둠이 닥쳐왔고
어둠에 비친 내 얼굴이 흔들렸다

잘못 걸려온 전화

여보세요?
수화기 너머에서 무슨 소리가 들린다
알아들을 수가 없다
요 며칠 아무 때나 전화기가 울린다
쓸모없었던 집 전화에 쓸모가 생겼다

누굴까
치매 걸린 노인일까
납치당한 여인일까
자꾸 전화기에 눈이 간다
증폭되는 궁금증, 기다려진다
안되는 대화지만 목소리가 그립다

거실 구석에서 다시 벨이 울린다
달려갔다
낯익은 그 목소리
여전히 무슨 소린지 모르겠다
가녀리고 힘없는 것이
돌아가신 할머니를 닮았다
수화기를 들고 한참을 서 있었다

이젠 전화가 오지 않는다
잘못된 전화라도 울렸으면 좋겠다
각자의 말만 뱉어내던 전화기를
뚫어져라 쳐다보고 있다

여보세요?
나 여기 있어요

모닝! 굿모닝!

춘삼월에 50센티 폭설이 내려
봄이 오려다가 멈칫거렸다
어제 자동차 양도증명서를 보냈다
서운한 마음을 애써 정리하는 중이다
영월에 내려오며 단돈 100만 원에 공매로
장만한 경차, 귀여운 모닝!
함께 하며 정이 많이 들었다
14년 연륜에 숨을 헐떡거리면서도
봉래산 꼭대기까지 올라가 서로 어깨를 두드렸었다
한때 잘 빠진 고급세단이 좋았던 시절도 있었다
이젠 작고 소박한 것에 마음이 간다
작고 통통한 것이 20년 살아온 아내를 닮았다
차도 아내도 모두 늙었다
서부시장으로, 읍내 골목으로, 서울 가는 고속도로로
나를 싣고 달렸던 은갈치같이 빛났던 너,
내일 아침 10시면 너를 보낸다
차 안에 굴러다니는 주유 영수증에서 추억을 털어내고
요 며칠 머리에 수북이 쌓인 눈도 쓸어냈다
마음 한켠이 강물 바닥처럼 쓸려 내려갔다
추억 몇 장은 바닥에 달라붙어 잘 떨어지지 않고
차의 관절에서 삐거덕거리는 소리가 들렸다

잘 살아낼 수 있을까
다시 만날 수 있을까
어디서든 굿모닝이길!

숯

철물점 가판에 참숯이 나앉아 있다
작년보다 한 겹 더한 먼지를 뒤집어쓴 채
햇볕에 하얗게 그을리고 있다
종이상자가 검은 몸, 갈라진 피부를 빼곡히 감싸고 있다
그도 한때는 어느 산비탈을 차지하고 서서
창공을 흔들어 대던 푸른 청춘이었을 것이다

깊숙이 타들어 가던 열기가 순식간에 식어
부챗살 같은 상흔이 남아 있는 몸,
그마저 없었다면 그의 과거는 알아볼 수 없을 것이다
뜨겁게 타들어 갔었나 보다, 차라리
다 타버리고 말 것을 시커먼 목숨이 붙어 있다

검어진 목숨을 내다 놓고 파는 선아 할아버지,
몇 해 전 사고로 둘째 아들을 잃고부터는
집보다는 철물점에 붙어산다, 얼굴이 숯을 닮아간다
발길이 뜸한 시장 끝자락을 지키고 있는 잉여의 삶

겨울 해가 플라스틱 의자에 떨어져 부서지고
퀭한 눈꺼풀이 인상을 쓰며 무겁게 시장을 들어 올린다
뜨겁게 타오를 단 한번의 기회가 남아 있다
스스로는 태울 수 없어 누군가를 기다리는 운명,
날 것의 욕망이 잘 익도록 구워 낼 마지막 순간을 기다린다
그의 주위에 모여들어 익지 않은 과거를 뒤집으며
매운 눈물을 흘리고 순해지는 표정을 상상한다
남은 몸을 불태운 후 재가 되면
그가 태어난 산비탈 어느 흙에 누울 것이다

지붕 그림자가 길어진 봉천시장에
한 발짝 한 발짝 어둠이 닥쳐오고
빈 의자가 초조하게 지나가는 발길을 잡고 있다

똥 싸? 글 싸!

아내가 전화를 했다
똥 싸?

내가 대답했다
글 싸!

글을 써 놓고 냄새가 나서
부지런히 퇴고하는 중이다

글에 미치지 못하는 삶을
싸질러 놓고 박박 후회하는 중이다

회상

오랜 친구 같은 가을은
바라보기만 해도 흐뭇하다

텅 빈 마당에 나와
무료함을 풀어 놓으면
그리움이 가끔씩 입질한다

송골매가 창공을 빙빙 돈다
철새떼가 산허리를 끊고 간다

오솔길은 등이 가려워
바스락바스락 긁어대고
각질처럼 떨어지는 나뭇잎

다 저녁 들녘에
혼자 남겨진 산 그림자가
아버지의 지팡이를 짚고 돌아온다

봄날 아침의 소묘

마당이 희뿌연 잠에 빠져 있다

바람이 날갯짓하여 흔들어 깨운다

담 너머를 엿듣던 목련나무에서 귓밥이 툭 떨어졌다

담장 위에 쪼그린 고양이 수염 끝이 뚝 부러졌다

조팝나무 입술이 하얗게 삐져나온다

삶이 시다

그때 덥석 너의 손을 잡지 않았더라면
서둘러 결혼식을 올리지 않았더라면
빚을 내어 셋방살이를 전전하지 않았더라면
하나만 낳자고 할 때
세 아이는 꿈도 꾸지 말았더라면
월급쟁이로 안 되겠다 싶었을 때
과감히 다른 길을 갔더라면
그랬더라면
지금쯤 그럴듯한 글쟁이가 되었을까

치유

아라*가 햇살에 안겨 있다

속이 출출한지
슬금슬금 일어난다

가련한 표정으로 마음을 치댄다

가라앉았던 안쓰러움이
뿌옇게 일어났다

가까이 다가가려 하자
또다시 달아나 버린다

유기의 기억을 안고
가만히 엎드려 있는
눈빛이 아련하다

---

* 아라: 입양한 우리 집 고양이 이름

햇살이 머리를 쓰다듬으며
하품을 길게 내뱉는 오후

아직은 때가 아닌가 보다

빈 깡통

한때는 혀끝을 녹이고 도시를 휘젓고 다녔다
이제 나는 비었다, 갈비뼈만 앙상히 남았다
길바닥을 굴러다니다 옆구리를 걷어차여
욱신 찌그러진 몸이 구석을 붙잡고 있다
인스턴트를 토해내는 도시에 알루미늄 시체들이 쌓여간다
삼킨 것을 기억 못 하고 뱉어낸 것을 외면하는 거리에서
여기저기 붉은 고름이 흘러나온다
사라지지 못하는 몸이 서로 부딪혀 비명을 질러보지만
아무도 들어주는 사람이 없다
쓰레기 바벨탑이 쌓였다
빈 몸에 바람이 머물다 차갑게 떠났다
먼바다 건너에서 초원의 풀 향이 건너온다
나는 몸을 구부려 한 개 바람개비가 될 것이다
바람을 향해 서서 삐걱삐걱 돌아갈 것이다

그리고 또다시 봄앓이

그녀는 며칠째 방을 나오지 않았다
바람이 마른 지붕을 두드려댔다
먼지가 피어나 앞이 보이지 않았다
산불 소식에 며칠째 헬기가 떠다녔다
불길에 잡아먹힌 산등성이는 거뭇거뭇한 속살을 드러냈다
아이들은 먹는 둥 마는 둥 학교에 갔다
돌아와서는 인기척만 집을 채우고 있을 뿐
각자의 세계 속으로 들어가 나오지 않았다
봄꽃들은 순서도 없이 서둘러 피어났고
광대나물, 별꽃은 양지를 찾아 기어 다녔다
서양개암나무가 공중에 주렴을 늘어뜨리고
푸른 들판은 빠르게 번졌다
그녀 남편은 영 돌아오지 않았다
입맛을 잃은 봄이 모래처럼 까끌거렸다
앓지 않고는 지나갈 수 없는 봄이었다
그래도 떨치고 일어나야 할 아픔이었다

해설

세상에 대한 고백이자

화엄의 세계를 열어 가는 빛으로의 존재

– 김남권(시인, 계간 『시와징후』 발행인) –

세상에 대한 고백이자
화엄의 세계를 열어 가는 빛으로의 존재

- 노재필 시집 『저녁에 떠나는 버스』를 읽고

김남권(시인, 계간 『시와징후』 발행인)

 시인의 몸은 온전히 생태 철학이 되어야 한다. 시인이 삶을 살아내는 동안 만나는 모든 사물들과 사람들과 자연과 생명이 모두 하나의 사유로 연결되고 그가 만나는 사유가 심장에서 온전하게 녹아 또다시 살아갈 동안의 깨달음이 되고 빛이 되어야 하기 때문이다.

 그리하여 시인이 쓰는 시가 누군가의 가슴에 닿아 그의 영혼으로 녹아들지 못한다면 그건 실패한 시일뿐더러 시가 시답게 뿌리내리지 못하는 슬픈 현실이 되고 말 것이다. 시는 세월이 아무리 많이 흘러도 누군가의 가슴에 빛이 되고 실이 되고 꽃이 되고 별이 되어야 하는 것이다. 현실을 살아가고 있는 시인들은 모두 생태시의 삶을 살아가야 한다. 인간중심주의를 비판하고 자연의 조화를 지향하는 생태학적 세계관을 담아내야 하는 것이다. 인간은 물론 생태계에 존재하는 모든 생명체의 생존을 위협하는 환경문제의 심각성을 드러내고 생물학적 약자의 편에서 그들의 다양성을 옹호하며 공존의 법칙을 모색해야 한다. 그리하여 생태는 선택이 아니라 반드시 우리 삶과 연결하여 지켜내야 하는 우리 시대의 책임과 의무인 것이다.

  노재필 시인의 시는 가장 인간적이면서도 생태적인 화두를 담고 있다. 그가 지향하고 있는 시적 메타포는 사람과 자연과 생명의 본질은 물론 인간이 지향해야 할 삶의 가치를 자연친화적인 생활에서 생존의 의미를 찾아갈 것을 강조하고 있다. 태초의 인류는 자연 친화적인 생활을 통해 자연과 동물과 더불어 공존하고 진화하며 살아왔다. 그러나 산업혁명 이후 인류는 급속하게 자연을 파괴하기 시작했고 지난 삼백여 년 동안 지구환경은 땅과 하늘과 바다가 모두 심각한 오염으로 몸살을 앓으며 지나친 인간중심주의, 이기주의에 지구는 이미 회복 불능의 상태에 직면하고 있다. 이와 같은 인간중심주의의 폐해는 결국 인간성을 파괴하는 심리적 극단성을 보여주며 현실을 사는 사람들의 심성이 나날이 각박해지고 극단적 이기주의 성향을 보이기에 이르렀다. 이와 같은 포노사피엔스 시대의 중심을 살고 있는 우리에게 생태적 시의 흐름을 보여주는 일은 인간성 회복을 위한 가장 인문학적이고 자연 친화적인 삶의 이정표가 되는 것이라고 할 수 있다. 노재필의 시는 이러한 생태적 현실을 가장 평화롭고 자연

스럽게 표현한 인간적인 서사가 바탕이 되어 시와 인간의 본질을 보여주고 있다고 할 것이다.

손가락 사이로 지나가는
바람의 흔적을 쫓다가
저녁 들판에서 길을 잃었다

외딴 집에서 들려오는 개 짖는 소리를 듣다가
그만 울음이 터졌다
내 설움에 내가 북받쳤다

햇살이 잔인하게 비포장도로 위에 쏟아지던
사십 년 전 어느 봄날,
4월의 모래바람처럼 떠나간 꽃상여를 따라가던
유년의 기억이 떠올랐다

산등성이 봉분 위로 쏟아지던
시간의 발자국은 멀어지고
세월에 닳아버린
왜소해진 인생이
귀향을 서두르고 있다

그리움은 이미 화석이 되었을 법하건만

봄만 되면

어김없이 가려워지는 가슴앓이 흔적이 뜨겁다

-「봄앓이」 전문

  꽃피는 봄날 사랑하는 사람을 먼 길로 떠나보낸 사람은 해마다 봄이 오면 그 사람 생각으로 사방에 눈을 둘 때마다 그 사람 생각으로 망연해질 것이다. 그리하여 봄만 되면 화석처럼 단단했던 가슴에도 가려운 통증이 일기 시작하고 한바탕 가슴앓이를 할 수밖에 없다. 봄은 생태학적으로 모든 사물이 깨어나고 사유가 깨어나는 창조의 기점이다. 우리의 삶이 처음 시작되는 시점도 어김없이, 자신이 태어난 계절과 관계없이 봄으로 통칭된다. 이는 봄이 모든 자연이 깨어나고 생동하는 기점이 되기 때문에 상징적인 의미를 담고 있는 것이다.
  노재필의 시에서 봄에 주목하는 것은 그가 봄을 누구보다 간절하게 기다리는 시인이기 때문이다.

구순 장인이 살고 계신 납작한 시골집 옹달샘에

수선화 한 움큼 찾아왔다

얇은 꽃대궁 열어

시린 봄물을 빨아 마시다

여린 잇몸이 시렸는지
이파리가 노랗게 질렸다

귀여운 봄나물 마당에 쏟아내며
"노 서방한테 잘해야 한다, 외로운 사람이다"
입버릇처럼 당부하시던 장모님은
어느 봄날 빈 외양간과 녹슨 호미에 집을 맡기고
들판 어디쯤을 지나 먼 길을 떠나셨다

올봄에도 땅끝 해남 늙고 등이 굽은 집 마당은
햇살이 가득 차지한 채 온종일 졸고 있고
담장 곁 살구나무는
주책없이
연분홍 마스카라를 그리고
혼자 봄맞이 나갔다

— 「봄맞이」 전문

    아흔의 장인은 시골집 마당에 피어나는 꽃이 보고 싶어서 병실을 마다한 분이다. 아니 어쩌면 오래전에 먼 길 떠나신 당신의 아내가 손수 가꾸고 돌보던 뜨락의 꽃소식이 궁금하고 그 오래된 그리움을 더는 놓치고 싶지 않아서 불편한 몸으로 귀향을 고집했으리라. 봄에 먼 길 떠난 그분의 체온이 남아 있는 마당 가에 다시 꽃이 피어나고 "노 서방한테 잘해야 한다, 외로운 사람이다" 평생을 함께 살고 있는 아내에게 당부하던 말이 들리는 듯하다. 시적 화자가 해마다 부르는 사모곡이 시인의 가슴을 지나 독자에게 주파수처럼 전달되는 순간이다.

6월이 시작되자마자
햇마늘이 길거리로 몰려나왔습니다
해마다 이맘때면 마늘밭에 엎드려 일하던
아버지가 궁금해 전화를 걸었습니다
며칠 후 사무실로 낯선 택배 하나가 도착하고
터진 박스 때문에 마늘 냄새가 진동했습니다
아흔이 다 된 노인이 햇마늘을 캐고
껍질을 까고 빻아서 얼려 보낸 것입니다
껍질을 까다 베인 손가락 생채기 몇 개와
쪼기작하게 말린 5만원짜리 2장도 함께 실려 왔습니다
먼 길을 달려온 택배 박스는 시골집 냄새도 달고 왔습니다
서울 안복판에 던져진 냉동 마늘은 벌써 텃밭이 그립습니다
눈치를 보며 얼른 비닐봉지에 옮겨 담는데
힘없이 따라온 아버지 글씨가 안쓰럽게 쳐다보고 있습니다
주섬주섬 마늘 박스는 비어 가는데
잔인한 여름은 조금도 줄어들지 않고
나는 바닥에 주저앉아 마늘 냄새 때문에 서러워진 눈을

자꾸만 훔쳐 냈습니다

오늘 해남에서 늙은 아버지가 배달되었습니다

- 「마늘 택배」 전문

  늙은 아버지는 늙은 아들을 보고도 마음이 놓이지 않는다고 한다. 동토에서 겨울을 나고 아주심기를 통해 실하게 자라난 햇마늘을 수확하느라 아흔의 노구는 초여름의 햇살도 마다했을 것이다. 행여나 귀찮다고 제대로 음식에 넣어 먹지도 않을까 봐 일일이 껍질을 벗기고 빻아서 얼려 보낸 그 마음이 오롯하게 전해져서 가슴 한켠이 먹먹해지는데 '껍질을 까다 베인 손가락 생채기 몇 개와/꼬기작하게 말린 5만 원짜리 2장도 함께 실려왔습니다/먼 길을 달려온 택배 박스는 시골집 냄새도 달고 왔습니다/서울 한복판에 던져진 냉동 마늘은 벌써 텃밭이 그립습니다 중략 오늘 해남에서 늙은 아버지가 배달되었습니다' 용돈 10만 원과 함께 배달되어 온 아버지의 편지는 서러워진 가슴을 더욱 무너지게 만든다. 시 '마늘 택배'는 노재필 시의 백미라 할 만큼 진솔하고 따뜻한 생태시이자 아름다운 서정의 물길을 트는 감성시라 할 것이다.

땅끝마을 완도 정도리 구계등은

바다와 육지 사이를 아홉 계단이 가로막고 있다

바다는 매일 육지에 오르려 하지만

아홉 계단은 쉽게 허락하지 않는다

늙은 장인어른은 발을 끌면서도 바다가 보고 싶다고 하였다

그와 나는 이것이 마지막 여행이라는 걸 직감했다

우리가 처음 함께 걸었던 곳도 정도리 해변이다

그곳이 궁금하였으리라

정도리 바다는 언제나 육지에 오르려 하고

나는 끊임없이 파도를 밀어내려고 했다

뭍으로 오르지 못한 바다는

몽돌해변 위에 시퍼렇게 누워 있었다

그는 그곳에 서서 오래된

시간의 매듭을 풀고 있었다

바다와 육지 사이에는

침범할 수 없는 시간의 경계로 가득했다

하루에 두 번씩 소식을 전하러 오는 밀물도

육지의 시름을 내보내는 썰물도

귀가 어둡고 느린 걸음 앞에서 모두 멈춰 서 있었다

갯벌 위에 봄볕이 떨어졌다

바닷속에선 봄볕을 먹고 사란 미역으로

전복이 배를 불리고

4월의 해풍을 끌고 온 바람이

왜소해진 그의 어깨를 끌고 갔다

바다를 향해 서 있는 그의 어깨 위에

한 세기를 살아온 기억이 매달려 있었다

해설

한 손으로 힘겹게 허리를 짚고

다른 한 손으로 지팡이를 의지한 채

눈부신 저녁해를 끌어안고 있었다

바다는 그의 등 뒤를 말없이 지켜보며

오래된 기억을 하나씩 갯벌 위에 내려놓았다

더 이상 서두를 것도 없이 느릿느릿 걸어가는 그가

저 긴 정도리 해변을 다 걸을 수 있을까

지나온 날과 얼마 남지 않은 날이 한꺼번에 밀려오느라

해변이 분주하다

다 큰 자식 생일에 꼬박꼬박 용돈을 보내고

한 번씩 찾아갈 때마다 꼬깃꼬깃한 쌈짓돈을 찔러주던

그가 남은 것을 모두 바닷속에 던져주려는 것일까

이렇게 아무 말 없이 서 있기만 해도 되는 것인가

이렇게 시간을 마무리해도 되는 것인가

구계등은 세월에 닳아 계단 세 개만 오르면 육지에 다다르지만

그와의 거리는 점점 더 멀어지고 있다

우리 여행의 마지막 저녁을 먹는다

쓰고 남은 종잇장처럼 가벼워진 목숨 하나가

TV를 크게 틀어놓고 바다와 나란히 앉아 파도 소리를 듣는다

정도리 앞바다에는

천만년 닳아빠진 몽돌이 토닥토닥 어둠을 달래느라

잠을 못 이루고

새들이 떠나간 발자국만 갯벌 위에 화살표로 남아 있다

- 「마지막 여행 1」 전문

 "가야 할 때가 언제인가를/분명히 알고 가는 이의/뒷모습은 얼마나 아름다운가" 이형기의 시 '낙화'는 우리가 살아가는 동안, 아니 나이 들어 가는 동안 문득문득 느끼게 되는 삶의 나침반이자 이정표라 할 수 있다. 시적 화자는 스스로 마지막 여행을 준비하는 자세로 귀향을 선택했다. 그리고 그 자리에 동행한 나는 그런 그의 속내를 알고 있기에 쓸쓸하고 허전하다. '우리 여행의 마지막 저녁을 먹는다/쓰고 남은 종잇장처럼 가벼워진 목숨 하나가/TV를 크게 틀어놓고 바다와 나란히 앉아 파도 소리를 듣는다/정도리 앞바다에는/천만년 닳아빠진 몽돌이 토닥토닥 어둠을 달래느라/잠을 못 이루고/새들이 떠나간 발자국만 갯벌 위에 화살표로 남아 있다' 시간에는 마침표가 없다. 그러나 공간에는 마침표가 있다. 무수한 마침표가 투명하게 공중을 떠돌고 있다. 그 마침표를 알고 찾아가는 사람은 욕심의 그림자를 내려놓은 사람이다.

삶과 죽음 사이에는 '과'가 존재한다
어떤 사람에게는 길고
어떤 사람에게는 아쉽게도 짧은

한 글자 '과'는 공평하다

절두산 외국인 묘지에는

저녁 햇살이 비문을 읽고 있었다

호머 헐버트 1863-1949

베델 1872-1909

모두 하이픈의 길이만큼 살다 갔다

지평선으로 걸어 나갔던 하루는

노을 한 토막을 들고 돌아왔다

부끄런 이름 하나

어둠 속에 던져 버렸다

-「과, 하이픈」 전문

    사람과 죽음도 찰나이다. 행복과 불행도 종이 한 장 차이다. 삶과 죽음 사이엔 '과'가 존재하고 그의 삶과 죽음은 '-' 하이픈 하나로 정리된다. 이 세상에 다녀간 흔적은 결국 점 하나로 마감되는 것이다. 권세가 높았거나 돈이 많았거나 가난하고 평범하게 살았거나 모두 죽고 나면 점 하나로 완성되는 것이다. 그 짧고 간단한 점 안에 부끄러움도 포함되어 있다. 그 부끄러움을 없애려면 누구에게나 공평한 마음을 내어주며 살아야 할 것이다. 그래서 철학자의 고귀한 정신세계를 시인은 한 마디 문장으로 큰 울림과 깨달음을 주는 것이다.

보이면 아이스, 보이지 않으면 블랙 아이스다
영화관람석에 앉으면 안전벨트를 매고 싶어진다

맹추위가 찾아온 날 아침에
운전대를 잡아야 할지 말아야 할지
망설여졌다
확신이 없으면 허락이라고 해석하는 버릇이 생겼다
모퉁이를 운전할 때는 모퉁이 뒤만 궁금하다
위험한 건 바닥인데 정작 모퉁이 곡선에만 눈이 갔다
그늘진 곡선 도로를 유려하게 돌아나갈 때
갑자기 브레이크가 풀리고 힘없이 미끄러졌다
둔탁한 충격에 뒤통수가 아차 했다

그렇다고 가지 않을 수는 없는 일이었다
불길한 예감은 사소하게 지나가지만
한 번씩 현실이 되면 큰 사고로 돌아오고야 말았다
의자에 앉기만 하면 안전벨트를 매려는 관성은
정작 위험 앞에서는 속도를 줄이지 않기 일쑤였다

보이는 곳에서는 쓰레기를 잘 치우지만
보이지 않는 곳에서는 마구 버리는 선진 시민이 있다

-「블랙 아이스」 전문

블랙 아이스는 '보이면 아이스, 보이지 않으면 블랙아이스다/영화관람석에 앉으면 안전벨트를 매고 싶어진다 중략 보이는 곳에서는 쓰레기를 잘 치우지만/보이지 않는 곳에서는 마구 버리는 선진 시민이 있다' 눈에 보이는 것보다 보이지 않는 것들이 더 큰 가치를 지닌다는 것을 알면서도 우리는 눈앞에 보이는 것만 믿고 그 유혹을 벗어나지 못한다, 그러면서도 정작 보이지 않는 종교와 신에게는 돈을 바치고 맹목적으로 매달리지 않는가? 시인이란 모름지기 사람이나 사물을 볼 때 보이지 않는 너머를 볼 줄 알고 생각할 줄 알아야 한다. 이 시가 주는 준엄한 경고를 우리는 함축적인 경고로 받아들여야 한다.

언덕 아래
오래된 집에 한 사내가 산다
종일 인기척이 없다
거뭇거뭇 눈이 내린다

그 집에는 담장보다
키가 큰 대추나무가 산다
눈 속에 매달린 대추 몇 알을
까치밥으로 나눠 먹으며

대추나무는 담 안에 매여 있고

사내는 막걸릿잔에 매여 있다

어느 날 사내가
문을 열고 집을 나가자
낮게 드리운 지붕 아래로
온종일 햇살만 드나들었다

며칠이 지나고 사내가
차가운 냄새를 묻히고 돌아왔을 때
대추나무가 그를 부축하고 들어간 후
인기척은 사라졌다
부서진 집기만 폐병 환자처럼 나뒹굴었다

인기척이 철거된 지 오래된
언덕 아래엔 침묵이 도사리고
가끔 눈이 내렸다
대추나무가 빈집의 주인이 된 지 오래다

- 「언덕 아래 빈집」 전문

언덕 아래 빈집은 '인기척이 철거된 지 오래된/언덕 아래엔 침묵이 도사리고/가끔 눈이 내렸다/대추나무가 빈집의 주인이 된 지 오래다' 도시나 농촌이나 점점 늘어가는 빈집의 모습을 통해 인구절벽을 향해 급속도로 달리고 있는 우리 사회의 현실을 풍자하고 있다. 더러는 사람이 살고 있어도 나이 든 노인들 혼자 남아 있는 집은 사실상 빈집이나 다름없이 인기척이 사라진 채 침묵의 시간과 공간을 넘나들고 있다.

어제 마신 소주가 속에서 곰삭아
일어나자마자 입안을 박박 헹궜다
무거운 밍크 이불을 걷자 장판이 순식간에 싸늘해졌다
어제 뜨다만 순댓국 한 그릇을 생각했다
채우려 하지만 다 채워지지 않고
비우려 해도 다 비워지지 않는
그리움 같은 그것,
허공에 짓눌려 한쪽이 기울어진 어깨
착잡하게 헝클어진 머리카락
약효도 없이 종일 붙어 다니는 파스,
하루가 다닥다닥한 골목을 걸어나갔다
귀가 찌그러진 대문 한 짝이
집을 나서는 그를 무심히 배웅하였다

한나절 번 목숨값으로 순댓국 한 그릇을 시켰다
먼저 나온 소주가 술술 뱃속으로 들어갔다
빈 위장에 닿자 찌릿하게 전류가 흘렀다
소주 한잔이면 그럭저럭 살 만했다

서너 잔이 들어가자 미간은 더욱 깊고 서늘했다
바다가 그리운 새우젓이 뚝배기 국물 속으로 몸을 던졌다
집에 혼자 남아 있는 대문을 위해 한잔,
소식이 뜸한 자식 책가방을 위해 한잔,
가본 지 오랜 고향 당산나무를 위해 한잔,
소주병은 점점 비어가고 순댓국은 얼굴이 퉁퉁 불었다

식당 문을 나서자 코끝으로 매운 취기가 몰려들었다
벌건 다대기 색이 된 사내 앞에 겨울 오후가 펼쳐졌다
둥글게 말린 등짝에 매달린 들통이 다리를 질질 끌고 다녔다
취기가 사그라들수록 오후는 더디 가고
떨리는 손끝은 다시 순댓국을 떠올렸다
자식 없이는 살아도 순댓국 없이는 못살 것 같았다
눈이라도 한바탕 내렸으면 좋겠다 싶었다
그의 어깨처럼 반쯤 허물어진 식당에서
순댓국은 제 몸을 펄펄 끓이며 생각했다
절대 놓아주지 않겠노라고

- 「순댓국 중독」 전문

 우리의 목숨값은 과연 얼마나 될까? 우리가 지금 살기 위해서 일하고 받는 돈은 목숨값의 어디쯤 되는 것일까? 삶이 고단해서 지난밤 마신 소주 한잔 때문에 이른 아침 순댓국으로 해장을 하며 하루 일당을 날려 보내고 나서 맞이하는

또 하루의 삶은 과연 공평한가. '한나절 번 목숨값으로 순댓국 한 그릇을 시켰다/먼저 나온 소주가 술술 뱃속으로 들어갔다/빈 위장에 닿자 찌릿하게 전류가 흘렀다/소주 한잔이면 그럭저럭 살 만했다/서너 잔이 들어가자 미간은 더욱 깊고 서늘했다' 반쯤 허물어진 식당에서 먹는 순댓국은 이미 반쯤 허물어진 생을 살아가고 있는 동질성의 회복이라고 해야 할까?

갑자기 복통이 찾아오는 날이 있다

바닥에 엎어져

밀고 일어서려 해도

자꾸 엎어지기만 했다

위로만 향하던 직립 생활이 꺾이는 순간이었다

방바닥은 내 첫 울음을 받아준 곳

언젠간 돌아와 다시 누울 곳

왜 그리 멀리하려고만 했을까

바닥 위에서 살다가

바닥으로 끌려 내려온 날

잃어버렸던 보물이 박혀있는

낯익은 구석과 눈이 마주쳤다

바닥에 누워 보았다

모든 것이 위에 있었다

- 「바닥에 항복하다」 전문

바닥에 항복하지 않으면 고통스럽다. 바닥에 닿지 않으려고 아등바등 살아가지만 결국 때가 되면 바닥에 누워야 한다. 바닥에서 태어나 바닥에 눕는다. 아무리 기운이 좋은 사람도 서서 잘 수는 없다. 바닥에 누우면 비로소 자신이 발아래 있다고 보았던 모든 것들이 위에 있다는 것을 알게 된다. 바닥을 알고 나면 그때부터 모든 것이 겸손해지기 시작한다. 아무리 위에 있다고 설쳐대는 것들도 바닥에서 태어나고 바닥으로 돌아간다. 깨끗하게 항복할 줄 알아야 진실한 그 너머가 보인다.

노재필의 시는 바로 빛과 실, 꽃과 별의 카테고리를 진솔하게 연결시켜 주는 따뜻한 생활의 결정이라고 해야 할 것이다. 시는 현실을 넘어서는 존재할 수 없다. 시의 속성이 허구를 추구한다고 하지만 독자를 움직이고 설득하고 공감하게 하려면 자신의 경험을 상상적 체험으로 이끌어 가는 시인의 서사가 살아 있어야 하고, 생태적 깨달음이 시를 견인해야 한다. 노재필의 시에서 발견되는 시어들은 사람을 살리고 자연을 살리는 생태적 현상들을 근본으로 하고 있다. 그리하여 생태적 시를 쓰는 시인은 우리가 살아가는 세상에 대한 고백이자 화엄의 세계를 열어 가는 것이다. 노재필의 시가 따뜻하고 아름다운 세상을 향해 건너가는 노둣돌이 될 만한 이유가 거기에 있다.

저녁에 떠나는 버스

펴낸날 2025년 7월 20일

지은이 노재필
펴낸이 주계수 | **편집책임** 이슬기 | **꾸민이** 허유진

펴낸곳 밥북 | **출판등록** 제 2014-000085 호
주소 서울특별시 마포구 양화로 156 LG팰리스빌딩 917호
전화 02-6925-0370 | **팩스** 02-6925-0380
홈페이지 www.bobbook.co.kr | **이메일** bobbook@hanmail.net

ⓒ 노재필, 2025.
ISBN 979-11-7223-096-8 (03810)

※ 이 책은 저작권법에 따라 보호받는 저작물이므로 무단전재와 복제를 금합니다.